Ägypten
Klassische Reiseziele
Die Tempel von Karnak und Luxor

Alessandro Roccati

Atlantis

Ins Deutsche übertragen von
Kerstin Trinkner

Redaktion
Dr. Dieter Struss

Titel der Originalausgabe
Karnak e Luxor

Herausgeber der Reihe
Silvio Locatelli und Marcella Boroli

Lizenzausgabe 1989 für
Manfred Pawlak Verlagsgesellschaft mbH, Herrsching
© Istituto Geografico de Agostini SpA – Novara
Alle Rechte vorbehalten
Printed in Italy, New Interlitho S. p. a. – Trezzano
ISBN 3-88199-552-8

Die Wohnstätte des Amun, des Königs der Götter

Am rechten Nilufer, 725 km von Kairo entfernt, in einer fruchtbaren Ebene, die der Fluß in einer weiten Schleife durchfließt, hat sich im 2. Jahrtausend v. Chr. eines der größten religiösen und politischen Zentren des Pharaonenreichs Ägypten entwickelt. Noch heute können wir dessen eindrucksvolle Ruinen bewundern. Ausgangspunkt war eine Siedlung in der Nähe des heutigen Karnak, die sich sehr schnell vergrößerte und sich schließlich bis auf das Gebiet des heutigen Hauptorts Luxor erstreckte. Der Impuls ging dabei von der großen Bedeutung der thebanischen Fürsten aus, die zur Zeit der 11. Dynastie ganz Ägypten eroberten und ein neues Pharaonengeschlecht hervorbrachten. Auch wenn Theben nur vorübergehend Hauptstadt war und der Verwaltungssitz mit der 12. und später mit der zweiten Hälfte der 18. Dynastie erneut in den Norden verlegt wurde, prägte die geistige Vormachtstellung Thebens jede andere ägyptische Stadt.

Nachdem die sehr eroberungsfreudigen Pharaonen des Neuen Reichs (18.-20. Dynastie) die Fremdherrschaft der Hyksos abgeschüttelt hatten, dehnten sie ihr Herrschaftsgebiet neben Nubien auch auf Palästina und Syrien aus, sie sammelten ungeheure Mengen an Kriegsbeute und verherrlichten damit vor allem das große Heiligtum Amuns. Noch erhaltene Wandmalereien und Inschriften verschaffen uns einen Einblick in diesen unvorstellbaren Reichtum. Beispielsweise besagt eine Inschrift, daß Anfang des 13. Jahrhunderts Merenptah »eine prächtige Tür vor Amun-Re erbauen ließ, die ganz mit Gold bedeckt und mit dem widderköpfigen Bild des Gottes aus echtem Lapislazuli, Gold und unzähligen Edelsteinen geschmückt war – nie zuvor hatte man etwas Ähnliches gesehen – und außerdem eine silberne Schwelle hatte«. Heute ist der Ort eine Ruinenstätte.

Das Tempelinnere war geradezu überladen mit solch edlen Materialien, vor allem Gold, Silber und Lapislazuli, manchmal waren sie durch entsprechende Farben ersetzt, die bestimmte Symbolbedeutungen hatten: Gold galt z. B. als Fleisch des Sonnengottes Re.

Doch der wahre Protagonist dieser Bauwerke war der Werkstoff, der heute noch erhalten ist und somit seine Unvergänglichkeit bestätigt hat: nämlich der Stein. Er wurde in allen seinen verschiedenen Formen – wie Kalkstein, Sandstein, Quarzit, Granit, Basanit – sowohl im Mauerbau als auch für Denkmäler wie Statuen und Obelisken verwendet und ließ so die Tempel des antiken Ägyptens zu einer gültigen und grandiosen Alternative zu den Grabbauten werden. Wo nur noch nackte Wände verblieben sind, sind sie fast immer mit Reliefs und Inschriften geschmückt, die sich keineswegs auf das Reich der Toten beziehen, sondern in Zusammenhang mit der tiefen Religiosität der alten Ägypter stehen und manchmal, wie im Tempel von Karnak, zusätzlich Episoden aus der Geschichte des Landes behandeln. So bieten die Tempel Thebens mit ihren Meisterwerken in Karnak und Luxor eine der unzähligen Möglichkeiten, eine ganze Epoche in der Geschichte Ägyptens, nämlich das Neue Reich (1570-1070 v. Chr.), zu rekonstruieren, im Einklang mit den Informationen, die vom gegenüberliegenden Nilufer und seinem Zentrum, dem Tal der Könige, stammen.

In der Antike gab es zwei verschiedene Zugänge zum großen Amun-Tempel, dem Herzen des heiligen Bezirks von Karnak, je nachdem ob man den Wasserweg (von Westen) oder den Landweg (von Süden) wählte. In beiden Fällen führte eine Reihe von eindrucksvollen Pylonen zum Tempel: Zwei große, an Türme erinnernde Strukturen umschließen von beiden Seiten ein Tor (griechisch »Pylon«), wahrscheinlich ein Element aus der Militärarchitektur. Genau diese Tore haben das »hunderttorige Theben« berühmt gemacht, das schon bei Homer erwähnt ist; und von diesen Toren hat Karnak wohl auch seinen Namen erhalten, der in arabisch Festung bedeutet.

Der Hauptzugang zum Tempel, vom Nil aus, verlief koaxial zur Cella; wer dagegen von Luxor kam und sich auf der langen menschenköpfigen Sphinx-Allee näherte, betrat die Tempelanlage über die südlichen Propyläen, die zum Hof zwischen dem 3. und 4. Pylon führten, von dem aus man direkt in den eigentlichen Tempel, *Ipet-sut* (»Allerheiligstes«) genannt, gelangte. Im ganzen bereiteten also drei Pylone im Westen (1.-3. Pylon) und vier im Süden (10.-7.) auf das Heiligtum vor, das wiederum von drei Pylonen (4.-6. Pylon) abgeschirmt war.

Wer den großen Karnak-Tempel besichtigt, geht praktisch einen umgekehrten chronologischen Weg. Denn dieses Nationalheiligtum Ägyptens vergrößerte sich weniger durch das Überlagern als vielmehr durch das Aneinanderreihen der verschiedenen Strukturen. War eine Erweiterung erwünscht, so baute man gewissermassen an; Bauten, die auf irgendeine Weise behinderten, wurden eventuell entfernt und als Baumaterial benutzt. In den sichtbaren und unsichtbaren Bereichen des Tempels hat eine beachtliche Zahl von Pharaonen ihre Spuren hinterlassen, wenn nicht durch Bauwerke, dann doch zumindest in der Ausschmückung der Wände. Sonstige Einrichtungsgegenstände sind ja heute verloren. Soviele Dienste am Gott Amun über einen außergewöhnlich langen Zeitraum hinweg, der bis in die Zeit des Römischen Reichs reicht, haben auch unzählige Umgestaltungen, Erneuerungen und Restaurierungen bei den Strukturen und Überlagerungen der Schmuckelemente mit sich gebracht, so daß es uns heute unmöglich ist, das Ganze richtig einzuordnen, zumal es sich um Ruinen handelt; ja manchmal erscheint es wie ein kompliziertes Labyrinth. Karnak wird so zu einem Monument der ägyptischen Geschichte, zu einer Fundgrube von Resten aus längst vergangenen Zeiten und einem Zeugnis der Taten von Königen und Priestern, die oft selbst zur Ausschmückung der mächtigen Wände dienten.

Die Entwicklung des Heiligtums Karnak zum größten Kultzentrum impliziert, daß der in ihm verehrte Gott zu einem bedeutenden »Star« unter den Göttern geworden war. Amun, der zur Zeit Memphis', während der Vorherrschaft der Theologie von Heliopolis (mit dem Sonnengott Re als höchstem Gott) völlig unbedeutend war, wird nach 2000 v. Chr. für alle, die die Macht des Pharao anerkennen, zum höchsten Wesen und nimmt den Namen Amunrasonthèr, »Amun (identifiziert mit) Re (Sonnengott von Heliopolis), König der Götter«, an. Ein Fürst aus Phönizien soll zum ägyptischen Schiffer Unamòn, der auf der Suche nach Holz für die heilige Barke des Gottes war, gesagt haben: »Alle Länder der Welt hat Amun erschaffen, und zuerst hat er das Land Ägypten erschaffen, aus dem du kommst. Dort entstand die Kunst, die dann in meine Heimat gelangte. Dort entstand die Weisheit, die dann in meine Heimat gelangte.«

Der Amun-Kult wird in Karnak offiziell geweiht. Es entsteht eine strenge Theologie, völlig unterschieden von dem einfachen Glauben des Volks, das sich mit spontanen Gebeten an den Gott wendet und auch seine Erscheinungen in Tiergestalt, dem Widder und der Nilgans, verehrt: »Amun-Re, der du so groß bis in deinem Zorn und in deiner Gnade (vorher), du hast mich den Tag wie die Nacht sehen lassen (nachher), du hast meine Augen erleuchtet, indem du mir vergeben hast. Amun-Re, du bist der Angebetete, du bist der einzige, der im Zorn vergibt. . .«

Der Ursprung Amuns verliert sich im Ungewissen, verdunkelt durch eine Gruppe älterer Gottheiten, gegen deren Kult sich Amun im Mittleren Reich noch behaupten mußte. Der traditionelle Gott Thebens war der Kriegsgott Month, aber auch der sehr alte Gott Min der benachbarten Region von Koptos teilt in Karnak zahlreiche liturgische Funktionen mit Amun.

Erweiterungen, Umbauten, Wiedergewinnungen

Das Heiligtum des Mittleren Reichs (2000-1700 v. Chr.), das sich im mittleren Bereich der ganzen Anlage befand, ist nicht mehr zu sehen, da seine Mauern aus feinem Kalkstein in Kalkmauern umgewandelt wurden. Einige architektonische Elemente, die in das später entstandene Mauerwerk eingefügt worden waren, konnten in der Neuzeit wiedergewonnen werden, unter anderem ein vollständiger hübsch anzusehender Kiosk Sesostris' I. (1971-1928 v. Chr.).

Im Neuen Reich wird Theben zur »Stadt des Amun« (in der Bibel Noamon und von den Griechen Diospolis genannt). Sie wird Heliopolis gleichgestellt, der Stadt, in der die erste große Religion des vereinigten Ägyptens entstanden war. Der Komplex in Karnak umfaßt heute mindestens drei bedeutende heilige Bezirke, die jeweils aus zahlreichen Tempeln und weltlichen Bauten bestehen und von einer Einfriedungsmauer umgeben sind. Im Zentrum liegt das Heiligtum Amuns, für sich allein schon fast eine Stadt, mit einem Umfang von über zwei Kilometern; im Norden grenzt daran der Bezirk des Ortsgottes Month an und im Süden der der Göttin Mut, der Gefährtin Amuns. Aber dank der noch nicht abgeschlossenen Arbeiten der Archäologen werden immer wieder neue Gebäude außerhalb dieser Bezirke entdeckt, und die Familie und der Hof Amuns wachsen zunehmend. Auch Osiris, dem Gott der Toten, waren mehrere Kapellen geweiht. Er hatte einen eigenen Kult, der im Innern des Hauptheiligtums zelebriert wurde.

Unter der Fremdherrschaft der Hyksos durchlief das Mittlere Reich eine Zeit des langsamen Verfalls. Nach einem erfolgreichen Befreiungskrieg versuchten die Pharaonen des aufkommenden Neuen Reichs an die Blütezeit der 12. Dynastie anzuknüpfen. Die Ordnung der Kulte begann sicherlich beim Heiligtum Amuns, wo zuerst die Bauten des Mittleren Reichs wieder in ihren ursprünglichen Zustand gebracht wurden. Um sie herum entstanden mehrere Kapellen, in denen die Statuen des als Bauherrn agierenden Pharao und die seiner Vorfahren aufgestellt wurden; so waren diese in den göttlichen Kult miteinbezogen. Die Kapellen wurden im Zeitraum zwischen dem 16. und 15. Jahrhundert in zwei Reihen errichtet, die erste war ein Werk Amenophis' I. und wurde dann von Thutmosis III. umgebaut, die zweite stammte von der Königin Hatschepsut.

Das Nebengebäude im hinteren Teil des Heiligtums, das noch aus früheren Zeiten stammte, wurde von Thutmosis III. in eine elegante Säulenhalle umgebaut, deren Name »Thutmosis III. rühmt sich seiner Monumente« üblicherweise mit Festhalle wiedergegeben wird. Hier fanden zuerst die Riten für die Auferstehung des Königs statt, der nach seinem Tod das Wesen des Osiris annahm und sich mit dem Sonnengott Re vereinigte. Informationen aus der Spätzeit beweisen, daß die Osiris-Mysterien tatsächlich hier gefeiert wurden, ein Fest, das jährlich in den Hauptheiligtümern Ägyptens begangen wurde.

Die große Bedeutung, die der Amun Kult im Neuen Reich erlangte, trug dazu bei, daß sich das ursprüngliche Aussehen des Heiligtums veränderte, doch die charakteristischen Merkmale des ägyptischen Tempels als »Palast« der Gottheit blieben erhalten. Im

Innern befanden sich eine Cella für das göttliche Standbild und davor eine Opferkammer. Zu diesem privaten Bereich hatten nur der Pharao und in seiner Abwesenheit der Hohepriester Zugang. Vor der Cella lag dagegen der sogenannte Festhof, der für Audienzen (Prozessionen) und Zeremonien mit einem größeren Publikum bestimmt war. Die Erweiterungen bestanden nur darin, daß diese Elemente neu angeordnet und bereichert wurden, ihre wesentlichen Funktionen änderten sich jedoch nicht.

Die ersten Pylone ersetzten wahrscheinlich vorangegangene Strukturen aus Rohziegeln. Wir verdanken sie Thutmosis I. (4.-6. Pylon), auch wenn sie erst später verziert wurden. Unter der Herrschaft der bedeutenden Pharaonen Amenophis III. (1386-1349 v. Chr.) und Ramses II. (1279-1212 v. Chr.) wurden zwei sehr hohe Pylone vollendet, die die Aufgabe hatten, den Säulensaal abzuschirmen. Die Gestaltung des 1. Pylons geht auf das 1. Jahrtausend zurück, er konnte jedoch wegen seiner gewaltigen Ausmaße nicht fertiggestellt werden. Mehrere Bauten wurden von ihm eingeschlossen, die ursprünglich auf einem freien Platz errichtet worden waren: Der Stationstempel Sethos' II. (1199-1193 v. Chr.) als Ort, um der Thebanischen Triade (Amun, Mut, Chons) »Hochachtung zu erweisen, sie zu verehren und anzubeten«, und ein größeres Bauwerk, das Ramses III. (1182-1151 v. Chr.) geweiht hat. Beide befanden sich schon zur Zeit Scheschonks I. (945-924 v. Chr.), des Gründers der 22. Dynastie (der sogenannten Bubastiten, von der Stadt Bubastis), im Schutz zweier Säulengänge, und wahrscheinlich plante man damals schon, den Hof mit einem Pylon (1. Pylon) abzuschließen.

In diesem Hof, vor dem 2. Pylon, ließ Taharka (690-664 v. Chr.), der Pharao der 24. Dynastie (Dynastie der Äthiopier genannt), wie schon Amenophis III. einen der prächtigen Zugangskioske errichten, die seitlich einen Holzabschluß hatten; heute steht von diesem Bauwerk leider nur mehr eine riesige Säule.

Dank moderner Restaurierungsarbeiten vermittelt die Architektur noch heute einen ersten Eindruck; außerdem sind bei diesen Arbeiten zahlreiche Elemente wiedergefunden worden, die infolge der Umgestaltungen und Zerstörungen verlorengegangen waren oder in den Pylonen und Fundamenten wie in ungeheuren Schatzkammern eingeschlossen waren. Die Bauten wurden wiederholt niedergebrannt und geplündert: Das erste Mal von Assurbanipal im Jahre 656 v. Chr., ein weiteres Mal während des Aufstands im Jahre 85 v. Chr. Im vergangenen Jahrhundert wurde der 10. Pylon durch eine Explosion zerstört. Trotz ihrer schwachen Fundamente haben die Monumente ferner Naturkatastrophen wie Wassereinbrüche, Überschwemmungen (beispielsweise eine zur Zeit des Taharka) und Erdbeben (unter anderem im Jahr 27 v. Chr.) überstanden.

Die größte Gefahr für das Heiligtum zeichnete sich jedoch schon während seiner Glanzzeit ab. Wahrscheinlich entwickelte sich im Tempel von Karnak selbst die religiöse Theorie, auf der der monotheistische Kult der Sonnenscheibe Aton, einer transzendenten Form der Gottheit, basiert. Diese Religion kam während der Blütezeit unter Amenophis III. auf, aber erst dessen Nachfolger Amenophis IV., Echnaton (»dem Aton wohlgefällig«) genannt, führte eine radikale Kultreform durch. Mit seiner Religionspolitik versetzte dieser Pharao der Entwicklung des traditionellen Glaubens den größten Schlag. Er verbot sogar den Namen Amun, der daraufhin von allen Monumenten entfernt wurde. In el-Amarna wurde in Ergebenheit zum einzigen, universalen Gott Aton eine neue Hauptstadt gegründet, auch östlich des Amun-Bezirks von Karnak wurde ihm ein Heiligtum eingerichtet. Nachdem die Zeit dieser »Ketzerei« vergangen war, wurden die Mauerblöcke des Aton-Tempels, auf denen äußerst lebhafte Szenen (bekannt unter dem arabischen Begriff *talatat*) dargestellt waren, für die Fundamente des Säulensaals und das Innere der hinteren Pylone verwendet.

Die Rückkehr des Tempels von Karnak zum traditionellen Amun-Kult ist auf der »Restaurationsstele« (Ägyptisches Museum von Kairo) erklärt, die ein Edikt Tutanchamuns (1334-1325 v. Chr.) enthält; diese Stele war im nordöstlichen Eck des später entstandenen Säulensaals aufgestellt, eine Nachbildung wurde im Bezirk des Month entdeckt. Nach der erneuten Weihung des Tempels, als die Zeit des el-Amarna-Schismas vorüber war, entstanden wundervolle Reliefs, und den Nachfolgern Tutanchamuns, Haremhab, Sethos I. (1291-1279 v. Chr.) und Ramses II., verdanken wir außerordentlich kühne Bauten mit einer Vorliebe für das Kolossale, die von Anfang an die 18. Dynastie und vor allem Amenophis III. kennzeichnete.

Die Architektur des Tempels war um Elemente bereichert, die nicht direkt zum Mauerwerk gehörten, sondern Erfordernissen der Kulte gerecht wurden. Der Sonnenkult spiegelt sich klar erkenntlich in den verschiedenen Doppelobelisken wieder, riesige Granitmonolithe, einer kühner als der andere. Sie befanden sich ursprünglich vor den Tempelzugängen; von einer ganzen Obeliskengruppe vor dem 4. Pylon steht heute nur mehr der Obelisk des Thutmosis I. Die gewaltigen Exemplare, die die Königin Hatschepsut in nur sieben Monaten zwischen dem 5. und 4. Pylon aufstellen ließ – der noch erhaltene Obelisk hat eine Höhe von 29,50 Metern –, haben Stoff für eine ganze Reliefwand im Totentempel dieser Königin in Deir el-Bahari geliefert. Ihr Neffe und Rivale Thutmosis II. jedoch ließ sie ein-

mauern und durch zwei andere Obelisken vor dem 4. Pylon ersetzen. Dieser Pharao kann sich auch des größten Obelisken rühmen, den es je gab, er war über 33 Meter hoch und wurde erst unter Thutmosis IV. fertiggestellt. Im Gegensatz zu den anderen handelte es sich hierbei nur um einen einzigen Obelisken. Er wurde im kleinen Tempel des Amun, der die Gebete erhört, aufgestellt, der sich hinter dem großen Tempel befand. So konnte er von allen betreten werden, die keinen Zugang zu den Hauptgebäuden hatten. Ramses II. vergrößerte diesen Tempel, und Taharka fügte im Osten einen seiner Kioske hinzu. 657 n. Chr. ordnete Kaiser Konstans II. die Überführung dieses Obelisken nach Rom, in den Circus Maximus an. Seit 1587 befindet er sich jedoch in der Nähe der Kirche S. Giovanni in Laterano. Spuren des Transports sind einige eingerissene Mauern auf dem Weg zum Nil. Zahlreiche Obelisken wurden abgerissen, zwei aus Elektrum mit einer Höhe von 7 Metern, die vor dem 6. Pylon aufgestellt waren, wurden 656 v. Chr. von den Assyrern entfernt.

Auf die beschützende Gegenwart der Götter weisen die prächtigen Sphinx-Alleen hin, die als Tempelzugang und Verbindung zwischen den einzelnen Heiligtümern der Region Thebens eine originelle Note verleihen. Der eine Teil der Sphingen hatte einen Widderkopf – der Widder war dem Amun geweiht –, der andere einen Menschenkopf, und zwar gemäß dem Sonnenkult den Kopf des Pharaos. Die ältesten Sphingen gehen wahrscheinlich auf Amenophis III. zurück; die Allee, die Karnak mit dem Luxor-Tempel verband, war ein Werk Nektanebos' I. (378-360 v. Chr.). Unter Amenophis III. wurden außerdem Hunderte von Statuen angefertigt, die die Gestalt eines Menschen, jedoch den Kopf eines Löwen hatten und als Schutz um einige Heiligtümer angeordnet waren: Sie stellten die Göttin Sekhmet dar.

Die Mauern von Karnak schmückten endlose Darstellungen und Inschriften, die neben Einzelheiten aus dem Leben der Gemeinschaft bedeutende Werke der ägyptischen Literatur und wichtige Ereignisse in der Geschichte des Landes wiedergaben. Statuen größerer Ausmaße wurden von den Pharaonen geweiht. Der Koloß Amenophis' III., dessen Basis vor dem 10. Pylon noch erhalten ist, kann – was seine ursprüngliche Größe (Höhe 18 Meter) betrifft – mit den sogenannten Memnons-Kolossen verglichen werden, die den Totentempel Amenophis' III. bewachten und noch heute am linken Nilufer zu sehen sind. In Turin ist die Statue Ramses' II. ausgestellt, deren Fragmente zusammen mit anderen Statuen im Ptah-Tempel entdeckt wurden und die als Meisterwerk der ägyptischen Bildhauerkunst gilt.

Außerdem wurde eine beachtliche Zahl der kleinen Statuen von Priestern und Würdenträgern gefunden, die einst jeden freien Platz ausfüllten; in ihnen lebt noch heute ein ganzes Volk von Privilegierten fort. Die meisten von ihnen waren am Ende entfernt und in einem großen Graben in der Nähe des 7. Pylons begraben worden; von diesem »Versteck« erhielt der Hof auch seinen Namen. Dieses unterirdische Magazin wurde am Ende der Ptolemäer-Zeit angelegt und hat einen wahren Schatz an Antikem bewahrt: Neben architektonischen Resten wurden bis in eine Tiefe von 14 Metern 751 Statuen und 17000 Bronzegegenständen gefunden. Zahlreiche Stelen, die den Gottheiten auch von Privatpersonen geweiht worden waren, dienten schon in der Antike als Baumaterial oder als eine Art Palimpseste, d. h. sie wurden noch einmal mit Inschriften versehen.

Geschichtliche Reliefs

Die großen Reliefs an den Außenwänden des Haupttheiligtums, die für alle sichtbar sind, werden von den Pharaonen beherrscht. Sethos I., der das geschichtliche Thema eingeführt hat, füllte die Nordwand des Säulensaals mit raffinierten Kampfszenen von seinen asiatischen und libyschen Feldzügen. Sein Nachfolger, Ramses II., machte es ihm nach und ließ mehrere Male das »Kadesch-Gedicht« reproduzieren, das der von ihm heldenhaft geführten Schlacht gegen die Hethiter gewidmet ist. Ein literarisches Werk wird somit zum Monument. Es beschreibt die Heldentaten des Ramses II., der, von den Feinden umringt, auf dem Schlachtfeld Amun um Hilfe anflehte, und wie der Hilferuf wie durch ein Wunder im Säulenwald des Hypostylons widerhallte und von Amun gehört wurde, der ihn dann rettete.

»Wahrlich, ich bete an den Enden der Fremdländer,/ und meine Stimme schallt im oberägyptischen Heliopolis (Karnak)./ Ich habe gespürt, daß Amun meinen Ruf erhört hat:/ Er gab mir seine Hand, und ich faßte neuen Mut.«

Das Gedicht ist auf der äußeren Südwand des Säulensaals reproduziert, einmal auf den Wänden, die den Hof des abschließen und auf denen auch in Hieroglyphenschrift der Vertrag zwischen den Ägyptern und Hethitern eingraviert ist, und ein zweites Mal auf der Außenmauer, die im Westen die südlichen Propyläen abgrenzt. Eine andere Kopie schmückt die Vorderseite des Pylons im Luxor-Tempel.

Die Freundschaft zwischen den Ägyptern und den Hethitern, einem kriegerischen indoeuropäischen Volk, das in Kleinasien ein mächtiges Reich aufgebaut hatte, wurde auch offiziell besiegelt, nämlich durch die großen Gedenkinschriften anläßlich der beiden aufeinanderfolgenden Hochzeiten Ramses' II. mit anatolischen Prinzessinnen. Eine Kopie davon wurde auf der Südseite des 9. Pylons

(Ostturm) angebracht, als Kontrast zu einem anderen langen Text, der »Weihung des Ptah«, auf dem Westturm. Eine weitere Kopie befindet sich im Mut-Bezirk, sie ist in einen einzigen großen Alabasterblock eingraviert.

Im Innern des Hofs des »Verstecks« ließ der Pharao Merenptah (1212-1202 v. Chr.) seine Siege über Libyen darstellen: Doch diese Ostwand wurde bei der Überführung des Obelisken Thutmosis' III. nach Rom teilweise zerstört. Hinter dem 7. Pylon war eine Kopie der sogenannten »Israel-Stele« aufgestellt, auf der mit biblischen Worten die Eroberungen dieses Pharao in Kanaan gepriesen werden und zum ersten Mal der Name Israel erwähnt ist.

Der Brauch, im Innern des großen Heiligtums von bedeutenden militärischen und politischen Ereignissen zu berichten, der Propaganda wegen oder auch um sie unter göttlichen Schutz zu stellen, existierte schon – wenn auch weniger stark ausgeprägt – unter Thutmosis III., der einen ganzen Saal vor dem 6. Pylon der monumentalen Reproduktion der Kriegstagebücher widmete, die über die endgültige Eroberung Palästinas und Syriens berichten (Annalensaal). Im Innern dieses Saals standen zwei Obelisken aus Elektrum und die zwei heute noch erhaltenen Granitpfeiler mit den heraldischen Pflanzen des Nildeltas und des Niltals. Nicht weit davon ließ Thutmosis III. den Bericht über die Orakelzeremonie reproduzieren, aufgrund deren er an die Macht gekommen war. Lange Triumphlisten von unterworfenen Völkern und eroberten Städten in Nubien und Asien schmücken sowohl die Zugänge zum Annalensaal als auch den Tempelzugang von den südlichen Propyläen aus.

Zu Beginn des Neuen Reichs hatte der Pharao Kamose (+ 1570 v. Chr.) die kürzlich gefundene Doppelstele aufstellen lassen, um die Vertreibung der Hyksos bekanntzugeben; dem Brauch, die offizielle Version gewisser Ereignisse in Stein eingravieren zu lassen, blieben nach ihm noch mehrere Pharaonen treu, zusätzlich wurden Kopien für die wichtigsten Tempel angefertigt; zur Zeit der 22. Dynastie ließ der Fürst Osorkon eine Mauer, die den 2. Pylon mit dem Tempel Ramses' III. verband (Tor der Bubastiten), mit einer »Chronik« verzieren, die eine wertvolle Informationsquelle über einen Zeitraum darstellt, von dem wir sonst kaum etwas wissen; und Scheschonk I. ließ Listen der Städte eingravieren, die er während seiner Feldzüge in Palästina gegen Judah und Israel erobert hatte.

Kultrituale

Religiöse Szenen im eigentlichen Sinn sind auf den Innenwänden und hauptsächlich im Säulensaal dargestellt, in dem eine vollständige Version des täglichen Kultrituals zu sehen ist.

In Berlin befinden sich einige Exemplare auf Papyrus von den heiligen Büchern, die für den Kult in Karnak verwendet wurden und auf die 22. Dynastie (Zeit der Bubastiten, ca. 9. Jahrhundert v. Chr.) zurückgehen. Der Bestand an Büchern und Schriften des Heiligtums ging bei Plünderungen und Bränden verloren, doch wahrscheinlich sind Auszüge daraus in den Kopien wiederzufinden, die am gegenüberliegenden Nilufer für liturgische Zwecke hergestellt wurden und schließlich in der thebanischen Nekropolis gelandet sind, wo sie auch entdeckt wurden.

Das Ritual bestand aus einer langen Reihe von Gebeten und Handlungen, die in der Umgebung des göttlichen Standbilds erfolgten und in Zusammenhang mit der morgendlichen Einkleidung, der Verabreichung von bestimmten Mahlzeiten und anderen versöhnenden Zeremonien standen. Sicherlich war auch eine große Zahl von Priestern daran beteiligt, die alle genau festgelegte rituelle Pflichten hatten, wie z. B. die Reinigung im heiligen See, die viermal täglich vorgenommen werden mußte. Bedeutende Momente gab es bei den zahlreichen eindrucksvollen Festen (jährlich 54 wurden zur Zeit Thutmosis' III. registriert), an denen die göttliche Statue in einer Prozession auf der heiligen Barke befördert wurde. Die Priester, die in komplizierte Hierarchien unterteilt waren, trugen oft spezielle Gewänder sehr alten Ursprungs. Die Prozessionen bildeten sich im Hof zwischen dem 9. und 10. Pylon, in dem auch das Orakel befragt wurde und das Volk sich an seine Götter wenden konnte; auch zahlreiche gefundene Stelen und Statuen stammen aus diesem Bereich. Das bedeutende Opet-Fest (Luxor), an dem Amun sein Heiligtum verließ, ist das Thema, das abgesehen vom Luxor-Tempel auch die Außenwände des von Ramses III. errichteten Tempels schmückt.

Während der Prozessionen wurde der Gott befragt, und dieser antwortete in Orakeln. Ein Merkmal der Tempel war somit der Einfluß auf Angelegenheiten des Landes, angefangen beim unwichtigsten Gerichtsurteil bis zur Ernennung der Priester und der eventuell vereinbarten Bestimmung des Pharaos. Letzteres war jedoch ein Privileg des bedeutendsten Tempels. Die göttliche Äußerung erfolgte durch bestimmte charakteristische Bewegungen des Standbilds im Verlauf der Prozession. Ein Text von Thutmosis III. berichtet davon, wie die Priester, die das Standbild des Amun zum Festhof trugen, durch eine plötzliche zusätzliche Last dazu gezwungen waren, den zukünftigen Herrscher anzublicken und ihn somit zum Nachfolger zu erklären. Über diese Entscheidungen wurde gewissenhaft Protokoll geführt. Erhalten ist ein Exemplar aus dem Jahr 651 v. Chr., das mehr als 50 Zeugen unterschrieben haben.

Den hohen Titel »Hoherpriester des Amun« konnte man auf verschiedenen Wegen erlangen. Einige Hohenpriester, wie Bakenchons zur Zeit Ramses' II., traten dieses Amt am Ende einer Karriere an, die sie im Innern des Heiligtums in Stufen durchlaufen hatten; andere, wie z. B. Nebunenef aus Abydos, stammten aus anderen Heiligtümern; Voraussetzung war jedoch immer die Zustimmung oder die Vermittlung des Pharaos. Am Ende des Neuen Reichs wurde das Amt erblich. So entstanden ganze Priesterdynastien, die ihre Stadt mit Waffen verteidigten. 850 v. Chr. gewährte Osorkon II. Theben politische Autonomie. Die Vielzahl von religiösen, kulturellen, politischen und wirtschaftlichen Interessen in Verbindung mit dem Amun-Heiligtum, verliehen diesem Ort ein außergewöhnliches Ansehen und den Priesterhierarchien besondere Privilegien, die den Hohenpriester sogar auf eine Stufe mit dem Pharao stellten. Von dieser herausragenden Persönlichkeit hing wiederum ein ganzes Volk von Kultzuständigen – von den Theologen bis zu den Künstlern – ab, die Schar der Bediensteten gar nicht mitgerechnet. Die Gemahlinnen hatten oft das Amt der Gottessängerinnen inne. Am Ufer des heiligen Sees sind Wohnräume der Priester höheren Rangs aus verschiedenen Epochen, von der Zeit Sesostris' I. bis zur Ptolemäer-Zeit, entdeckt worden. Ihre Gräber wurden am linken Nilufer gefunden. Manchmal handelt es sich dabei um wirkliche Mausoleen.

In monumentaler Form waren auf den Tempelwänden Vermögensaufstellungen, Festverzeichnisse und Listen von Schenkungen wiedergegeben, um zu gewährleisten, daß sie immer von allen gesehen werden konnten. Der Tempel von Karnak stellte das bedeutendste wirtschaftliche Zentrum des alten Ägyptens dar. Sein Reichtum wurde ständig durch Geschenke vergrößert. Der Harris-Papyrus im British Museum in London, mit 40 Metern der längste, enthält eine unglaubliche Liste von Gütern, die allein Ramses III. geweiht hat: Die Echtheit der Angaben wurde durch etwas jüngere Grundbuchdokumente bestätigt. Neben den Kultstätten befanden sich zahlreiche Magazine, »Schatzkammern« für wertvolle Gegenstände, Lager für den Weihrauch und die Lebensmittel, Werkstätten für die Verpackung und Aufbewahrung von Kultobjekten, wie das »Goldhaus« des Schabako (716-702 v. Chr.) auf der Nordseite des Säulensaals, Bereiche für die Geflügelzüchtungen (am See), Gärten . . .

An die Festhalle Thutmosis' III. schließen zwei Säle mit einzigartigen Reliefs an. Der eine, bekannt unter dem Namen »Botanischer Garten«, ist mit Darstellungen von exotischen Pflanzen und Tieren geschmückt, die dieser Pharao von seinen Feldzügen mitgebracht hatte, und stellt eine schöne bildliche Ergänzung zu den Inschriften im Annalensaal dar. Der andere wird als Kapelle der Vorfahren bezeichnet und diente als Ort, an dem die rituellen Opferungen für die einstigen Könige stattfanden, eine ihrer Statuen befand sich im Heiligtum. Die Reliefs aus diesem Saal sind heute im Louvre in Paris ausgestellt.

In der düsteren Zeit nach dem Neuen Reich, als Ägypten eine Art Feudalanarchie darstellte, waren sowohl die Bautätigkeit als auch der Einsatz bei der Erhaltung der Bauwerke sehr gering. Die heiligen Bauten waren von Hütten umgeben, und der Hohepriester Mencheperre »ließ eine riesige Mauer nördlich von Karnak errichten, . . . um den Tempel seines Vaters Amun-Re zu verbergen und ihn von den Ägyptern zu befreien, die sich in den Höfen des Amun-Heiligtums häuslich niedergelassen hatten; die Basis (der Mauer) war eine mit Basanit beschichtete Mauer – eine Neuheit in Ägypten –, und die Bewohner Thebens wurden vom Heiligtum seines Vaters Amun-Re vertrieben, um die Wohnstätte dessen zu

verehren, der in seiner Wohnstätte verehrt wird.«

Taharka, ein Pharao aus Nubien, bemühte sich, den antiken Glanz gemäß der überlieferten Vorstellung wiederherzustellen. Er sorgte für eine rege Bautätigkeit und eine Neuordnung der theologischen Systeme als Voraussetzung für den Kult: »Du Amun, du Schu, du bist der höchste aller Götter, du bis der, der so erhabene Erscheinungen hat wie die vier Winde des Himmels . . .« Eine ausführliche theologische *Summa* wurde in dem zerstörten Gebäude am heiligen See gefunden, das Taharka erbauen ließ.

Ein anderer nubischer Pharao namens Pianchi (747-716 v. Chr.) versuchte das politische Problem der uneingeschränkten Macht der Amun-Priesterschaft zu lösen, indem er die Bedeutung der Königinnen aufwertete, die dem Pharao beim Kult zur Seite standen. Von der 21. Dynastie an hatten die Töchter des Königs das Amt der »Gottesgemahlin des Amun« inne. Sie halfen dem Hohenpriester bei der Verrichtung der Aufgaben im Bereich des Tempels. Die Gottesgemahlin Amenerdas, die aus dem nubischen Geschlecht stammte, wurde durch Adoption als Nachfolgerin der amtierenden Gottesgemahlin Schepenupet I. bestimmt: Dieses Prinzip wurde dann auch weiterhin angewandt. Die Kapellen, die diese bedeutenden Persönlichkeiten der Spätzeit errichten ließen, sind im Bereich zwischen dem Säulensaal und dem Ptah-Tempel und im nahen Month-Bezirk zu sehen. Zwei wichtige Inschriften, bekannt als »Adoptionsstele« (von Nitokris, Tochter des Psammetich I. durch Schepenupet II., Tochter des Pianchi) und »Apanagestele« der 23. Dynastie (Dekret des Amun, um eine Schenkung von Ländereien zu bestätigen), waren auf der Vorderseite des kleinen Tempels Sethos' II. im ersten Hof angebracht.

Weitere Tempel

Die eindrucksvollsten Ruinen sind vom großen Heiligtum des Amun erhalten. Aber auch wenn von den Bauten der angrenzenden Heiligtümer des Gottes Month und der Göttin Mut nur noch die Fundamente übrig sind, so vermitteln sie doch den Eindruck, daß sie Teil eines großartigen Bauprogramms Amenophis' III. sind, dem wir auch den Luxor-Tempel verdanken. Die ungefähr gleich großen Tempel des Month und der Mut in den entsprechenden Bezirken entstanden wahrscheinlich aus älteren Vorläuferbauten; im Lauf der Zeit wurden die architektonischen Elemente dann wiederholt umgestaltet.

Der Kriegsgott Month war ursprünglich auch Herr der Region Thebens und wurde häufig in Stiergestalt verehrt. Ein bedeutendes Month-Heiligtum aus dem Mittleren Reich befindet sich nördlich von Karnak, im nicht weit entfernten el-Medamud, griechisch Keramike. Zu diesem Bezirk gehörte auch der kleine Tempel, der der Göttin Maat, der Herrin der Weltordnung, geweiht war und in dem unter der Herrschaft Ramses' XI. (1098-1070 v. Chr.) eine Untersuchung über Grabplünderei stattfand.

Mut war die Gefährtin Amuns, und ihr heiliger Bezirk ist noch immer mit zahlreichen Statuen der mit ihr vereinten Göttin Sekhmet geschmückt, die zu Hunderten in den Werkstätten Amenophis' III. angefertigt wurden; viele von ihnen können heute in den meisten Museen bewundert werden. Auch wenn die Überreste des Hauptheiligtums der Mut und eines kleineren Tempels, den Ramses III. zu Ehren dieser Göttin errichten ließ, nur sehr dürftig sind, so ist das Ganze doch äußerst eindrucksvoll. Zweifelsohne waren die Schmuckelemente in ihrer Bedeutung und ihrem Glanz denen des Amun-Heiligtums gleichzusetzen, dessen Entwicklung parallel zu der des Mut-Bezirks verlief. Der Eingang dieses Bezirks lag im Norden, auf einer Achse mit den südlichen Propyläen des Amun-Tempels, mit denen er über eine widderköpfige Sphinx-Allee verbunden war; auch diese stammte wahrscheinlich von Amenophis III., obgleich nachfolgende Herrscher ihre Namen (Haremhab, Sethos II., Herihor) an die Stelle des seinen gesetzt haben.

Die dritte Gottheit der Thebanischen Triade war der Mondgott Chons: Auch ihm wurde ein eigenes Heiligtum geweiht. Der gut erhaltene Bau geht auf Ramses III. und dessen Nachfolger zurück, auch wenn ältere Reliefs auf eine frühere Entstehungszeit hinweisen. Der Hohepriester Herihor (ca. 1075 v. Chr.) und unmittelbar nach ihm Pinodjem I. schmückten den ersten Hof – nach Art der Pharaonen – unter ihrem eigenen Namen. Vor dem Pylon fügte Taharka einen Kiosk mit sehr hohen Säulen hinzu, der später dem Erdboden gleichgemacht wurde. In der byzantinischen Epoche wurde im Tempel eine Kirche geweiht.

Der Chons-Tempel befindet sich auf halbem Weg zwischen dem Amun- und dem Mut-Tempel neben den südlichen Propyläen. Wahrscheinlich wurde er erst zur Zeit Nektanebos' I. in die Einfriedungsmauer des Amun-Komplexes eingeschlossen. Ursprünglich hatte die Mauer eine Höhe von ca. 25 Metern. Die noch erhaltenen großen Tore waren der ganze Stolz der nachfolgenden ptolemäischen Dynastie und vor allem des berühmten Herrschers Ptolemaios III. Euergetes I. (246-222 v. Chr.).

Auf dem Dach des Chons-Tempels befand sich eine wichtige Sternwarte zur Festsetzung des Kalenders und der Zeitpunkte, an denen die Zeremonien und die Feste stattfanden. Im Hof waren Statuen von Pavianen aufgestellt, da diese Tiere dem Mondgott geweiht waren. Keine genauen Informationen haben wir über eine andere bedeutende Tätigkeit im Bereich dieses Tempels, nämlich die Heilung der Kranken. Das Volk verehrte Chons als Heilgott. Ein Bericht aus der Ptolemäer-Zeit, der auf einer in der Nähe dieses Tempels gefundenen Stele zu lesen ist, beschreibt, wie die Statue des Gottes bis nach Bentresch gebracht wurde, um dort eine Prinzessin von den Dämonen zu befreien. Heute ist diese Stele in Paris ausgestellt.

An den Chons-Tempel schließt der kleinere Tempel der Göttin Opet an; da diese Göttin mit Isis gleichgestellt wurde, war er auch Kultstätte für Osiris. Der Tempel wurde unter Thutmosis III. zur Zeit der 18. Dynastie errichtet und fast tausend Jahre später von Taharka erneuert. Zu Ehren Osiris' wurden auch mehrere Kapellen im Ostteil des Amun-Bezirks erbaut, die den verschiedenen Erscheinungsformen des Gottes geweiht waren.

Von Thutmosis III. stammte auch der steinerne Ptah-Tempel, der sich beim Eingang des Month-Heiligtums befindet. Er entstand aus einem baufälligen Gebäude aus Rohziegeln, was wohl auch bei den meisten anderen monumentalen Bauten der Fall war.

Der Tempel von Luxor

Der Luxor-Tempel ist sicherlich der bedeutendste Satellit des großen Zentrums von Karnak; ein Zusammenhang zwischen den beiden besteht, sowohl was den Kult als auch was die Architektur und die Schmuckelemente anbelangt, die im Laufe derselben Geschichte entstanden sind. Zur Zeit Nektanebos' I. waren Luxor und Karnak über eine prächtige ca. drei Kilometer lange Sphinx-Allee direkt miteinander verbunden.

Seit dem Mittleren Reich existierten in Luxor Monumente, wie topographische Übereinstimmungen mit den Tempeln des linken Nilufers und auch Materialien aus älterer Zeit beweisen, die in die Bauten eingefügt wurden, so z.B. ein Architrav von Sebekhotep II., Pharao der 13. Dynastie. Dennoch beginnt die architektonische Entwicklung in Luxor erst mit dem aus schlanken Säulen bestehenden Bauwerk, das Amenophis III. errichten ließ, der erhabene Pharao, der Theben zum ersten Mal zu Weltruhm verhalf. Der Architekt dieses Tempels war wahrscheinlich Amenophis, Sohn des Hapu, der wegen seiner Weisheit und seinem Können berühmt war und später auch als Gott verehrt wurde. Der Tempel ist – was eine Ausnahme darstellt – in Nord-Süd-Richtung ausgerichtet. Als Anhaltspunkt dienten der Verlauf des Nils und das große Heiligtum von Karnak, mit dem er dann durch einen Prozessionsweg verbunden wurde. Die Geschichte des Luxor-Tempels ist einheitlicher als die des großen Heiligtums von Karnak. Ein anderer bedeutender Gründer dieses Bauwerks ist Ramses II. Er eiferte zwei Jahrhunderte später Amenophis III. nach.

»Habe ich dir (Amun) nicht sehr viele Denkmäler gemacht,/ habe ich nicht deinen Tempel mit meiner Beute gefüllt?/ Dir meinen Tempel von Millionen Jahren gebaut und dir all meine Habe zum Eigentum gegeben?/ Alle Länder zusammen bringe ich dir dar, um deine Opfer zu mehren,/ ich habe dir Zehntausende an Rindern opfern lassen mit allen Arten süßduftender Kräuter,/ nichts Gutes ließ ich ungetan in deinem Heiligtum,/ ich habe für dich einen großen Pylon gebaut,/ und deine Flaggenmasten selbst aufgerichtet./ Ich habe dir Obelisken aus Elephantine geholt,/ ich selbst führe dir ständig Steinblöcke herbei . . .«

Diese Worte aus dem Kadesch-Gedicht kommentieren auf eindrucksvolle Weise die Bauten Ramses' II. im Tempel von Luxor, angefangen bei dem mächtigen Pylon, vor dem ursprünglich auch noch zwei Granitobelisken in den Himmel ragten.

Außerdem sind sechs beeindruckende Statuen Ramses' II. zu erwähnen, zwei sitzende und vier stehende; sie erinnern an die Kolosse der Könige der 18. Dynastie, die vor den Pylonen der südlichen Propyläen in Karnak aufgestellt waren. Die Vorderseite der beiden Pylon-Türme schmückt noch einmal das Kadesch-Gedicht, hier ein direktes Zeugnis der Taten des Pharaos.

Hinter dem Pylon liegt der Säulenhof. Er ist auf drei Seiten offen, und auf der vierten Seite, rechts vom Eingang aus, befindet sich die Kapelle der Thebanischen Triade. Es folgt eine großartige Kolonnade von Amenophis III., die zu einem zweiten Hof führt. Von diesem Hof aus gelangt man in den Säulensaal, in dem auf der linken Wand eine der sehr seltenen Kopien des antiken Gründungszeremoniells der Tempel reproduziert ist: Bis ins kleinste Detail sind alle aufeinanderfolgenden Riten beschrieben, und auch die erforderlichen Gebete sind wiedergegeben. Von hier aus kommt man in das Innerste des Tempels, wo sich die Kapellen der Mut und des Chons und hinter zwei Vorhallen der Saal für die heilige Barke befinden; in diesem Saal ließ Alexander der Große ein wertvolles Sanktuar aus Granit anfertigen. Wie im Karnak-Tempel grenzen auch in Luxor an die Räume für den Kult des Amun Bereiche an, die dem göttlichen Pharao geweiht sind, zu dieser Zeit ein bedeutendes Thema. In einem Saal im Osten, wo das Heiligtum teilweise abgerissen wurde, zeigen Reliefs das Dogma der Theogamie, d. h. der Vereinigung von Amun und der Königinmutter, aus der das übermenschliche Wesen des Pharaos entsteht. Die Szenen beschreiben die Begegnung zwischen dem Gott und der Königin, die Geburt Amenophis' III. und die Taten der Gottheiten, die den Sohn pflegen und ihm ein günstiges Schicksal bereiten.

Zur Zeit des Kaiserreichs entstand in Luxor die griechisch-römische Stadt Ophieum (nach dem antiken Namen Opet), militärischer Hauptstützpunkt von ganz Oberägypten und Standort der Legionen, die die südliche Grenze hinter Assuan verteidigen mußten. Im Tempelinnern wurde der Hauptsaal, der sich vor dem Saal mit dem Sanktuar Alexanders befindet, in eine Legionskapelle verwandelt; der Zugang zum Allerheiligsten war somit versperrt. Die Wände wurden mit Stuck und Gemälden der beiden Augusti und der beiden Cäsaren verziert, die antiken Gottheiten wurden aus dem Blickfeld entfernt. In der hinteren Wand nahm eine Nische mit einer Ädikula das Standbild des Kaisers auf: Vor ihr mußten die Bürger ihre Ergebenheit bezeugen. Nicht weit davon entfernt befindet sich ein Sockel mit dem Namen Konstantinus, der an den Sieg des christlichen Glaubens erinnert. Außerdem sind noch einige Reste koptischer Kirchen erhalten, die außerhalb des Tempels erbaut wurden.

Auf den Prozessionswegen und um den Tempel herum entstanden Gebäude aus Rohziegeln, die als Quartiere für die Truppen und die Bevölkerung dienten. Unter Kaiser Tiberius wurde im Ostbereich des Tempels ein Forum angelegt und verschiedene andere Monumente errichtet; aus dieser Zeit stammen zahlreiche Gedenkstelen. Vom lateinischen Namen *castrum* ist schließlich die arabische Bezeichnung *al-qasr* abgeleitet; aus deren Plural *l-uqsor* hat sich der heutige Name Luxor entwickelt.

Diese Zusammenfassung kann natürlich nur einen kurzen Überblick über die verschiedenen Bauwerke geben, die in längst vergangenen Jahren eine der ersten großen Weltstädte ins Leben gerufen haben, eine Stadt, die einst die Wohnstätte der Götter war.

Detail von der Basis der Statue Ramses' II. vor dem Luxor-Tempel mit der symbolischen Darstellung der Vereinigung von Ober- und Unterägypten.

Der Tempel von Karnak

Die beiden vorangegangenen Seiten zeigen eine Axialansicht des Amun-Tempels mit seiner 350 m langen Pylon-Reihe von der davorliegenden Tribüne aus. Zum Haupteingang des Heiligtums führt eine von 40 widderköpfigen Sphingen flankierte Allee; sie war ursprünglich länger, wurde jedoch im Lauf der Geschichte verändert; die heutige Gestaltung geht auf die römische Epoche zurück. Der ursprüngliche Karnak-Tempel aus dem Mittleren Reich (2000-1700 v. Chr.), von dem heute nichts mehr erhalten ist, wurde von den Pharaonen des Neuen Reichs (1570-1070 v. Chr.) ständig und in beachtlichem Maß vergrößert. Er befand sich wahrscheinlich an der Stelle des heutigen 4. Pylons, der – wie auch der 5. und 6. Pylon – von Thutmosis I. in Stein rekonstruiert wurde. Dessen Nachfolgerin, die Königin Hatschepsut, ließ eine Kapelle für die heilige Barke errichten, die dann jedoch von ihrem Neffen Thutmosis III. aus politischen Gründen abgerissen und durch eine Kapelle aus Granit ersetzt wurde; diese wiederum wurde in der ptolemäischen Epoche von Philippos Arrhidaios erneuert. Thutmosis III., einem der größten Gründer des Heiligtums von Karnak, verdanken wir unter anderem einen Gebäudekomplex hinter dem Heiligtum des Mittleren Reichs, dem eine lange Säulenhalle, die sogenannte Festhalle, vorgelagert ist, und einige kleinere Tempel in der Umgebung, wie z. B. den Ptah-Tempel im Norden des Amun-Bezirks und den Opet-Tempel im Süden. Mit Amenophis III., dem »erhabenen« Pharao, begann eine rege Bautätigkeit. Er ließ den Säulenhof abreißen, den Thutmosis IV. vor dem 4. Pylon angelegt hatte, und einen Pylon eindrucksvoller Ausmaße (3. Pylon) erbauen; dabei wurden Teile älterer Gebäude als Baumaterial verwendet. Den Zugang zum Pylon bildete – wie auch im Luxor-Tempel und in anderen Heiligtümern – eine sehr hohe Kolonnade, der eine Sphinx-Allee vorgelagert war. Vor dieser Kolonnade begann Haremhab mit dem Bau eines weiteren Pylons (2. Pylon), der dann von Ramses II. vollendet wurde: Dazwischen wurde der berühmte Säulensaal errichtet. Der 1. Pylon wurde von Scheschonk I. geplant, der Bau begann jedoch erst unter Nektanebos I; der Pylon wurde nie vollendet, seine heutige Höhe entspricht nur zwei Drittel der eigentlich vorgesehenen Höhe; aus diesem Grund fehlt auch der übliche Abschluß und die Verzierung.

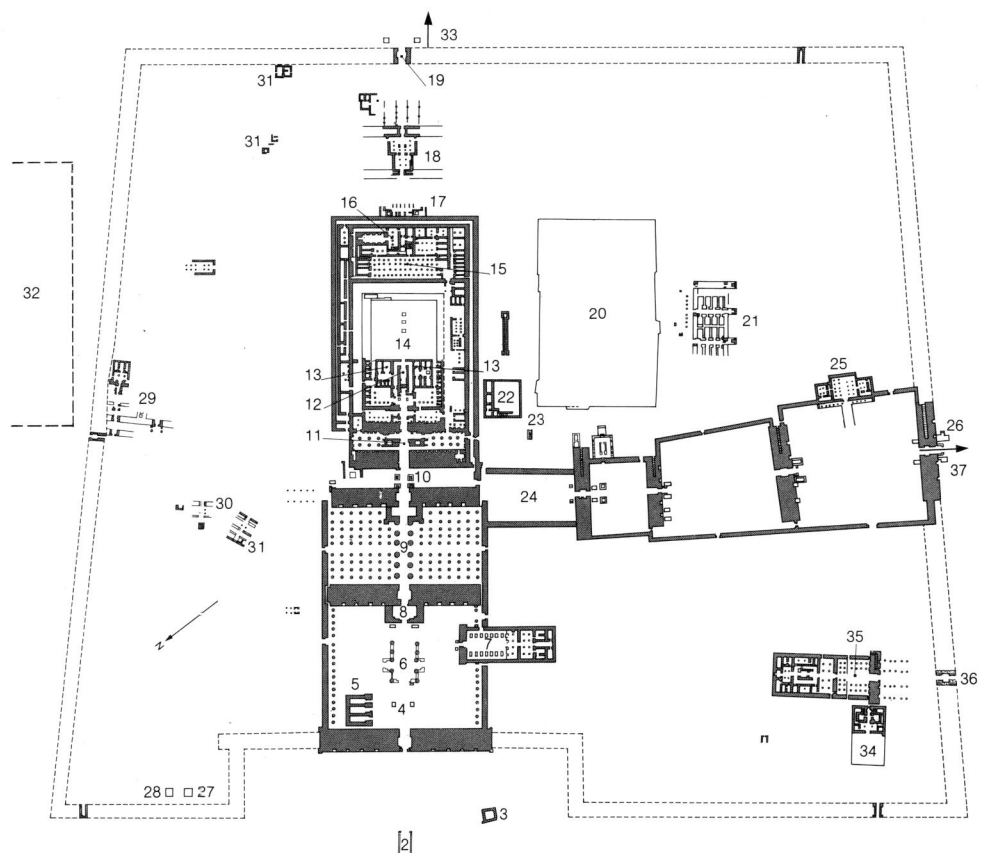

1 Tribüne.
2 Widdersphinx-Allee.
3 Kapelle Hakoris und Psammuthis.
4 Erster Hof.
5 Stationstempel Sethos' II.
6 Kiosk des Taharka.
7 Stationstempel Ramses' III.
8 Tor der Bubastiten.
9 Großer Säulensaal.
10 Obelisk Thutmosis' I.
11 (Umgestalteter) Saal Thutmosis' I. mit dem Obelisk der Hatschepsut.
12 Sanktuar für die heilige Barke, rekonstruiert von Philippos Arrhidaios.
13 Kapellen der Hatschepsut.
14 Hof aus dem Mittleren Reich.
15 Festhalle Thutmosis' III.
16 »Botanischer Garten«.
17 Osttempel Thutmosis' III.
18 Tempel des »Amun, der die Gebete erhört«, von Ramses II., in dem der Lateran-Obelisk aufgestellt war.
19 Osttor Nektanebos' I.
20 Heiliger See (des Amenophis III).

21 Speicher und sog. Gänseställe der 19.-29. Dynastie.
22 Bau Tahrkas zu Ehren des Re-Harachte, daneben die Spitze des eingestürzten Obelisken der Hatschepsut.
23 Monument mit dem Riesenskarabäus, das möglicherweise zum Totentempel Amenophis' III. gehört.
24 Hof des »Verstecks« (unterirdische Schatzkammer).
25 Sedfest-Tempel Amenophis' II., in der Ramessiden-Zeit rekonstruiert.
26 Basis des Kolossalstandbilds von Amenophis III., heute zerstört.
27 Weiße Kapelle Sesostris' I., rekonstruiert.
28 Alabasterkapelle Amenophis' I., rekonstruiert.
29 Ptah-Tempel, 18. Dynastie und Ptolemäer-Zeit.
30 Kapellen, von den Gottesgemahlinnen des Amun, den Töchtern des Pharao, erbaut.
31 Osiris-Kapellen.
32 Heiliger Bezirk des Month (Apolloneion der Griechen).
33 Ungefähre Lage des Aton-Tempels.
34 Tempel der Opet-Isis (Demetreion der Griechen).
35 Chons-Tempel (Herakleion der Griechen).
36 Südtor Ptolemaios' III. Euergetes I.
37 Widdersphinx-Allee zum Heiligtum der Mut (Hereion der Griechen).

Unten, die dem Amun geweihte mittlere Cella des kleinen Tempels, den Sethos II., an der Stelle des später entstandenen ersten Hofs des Tempels errichten ließ. Auf beiden Seiten des Eingangs befanden sich zwei stehende Pharao-Statuen, die größere (4,65 m hoch) ist heute im Ägyptischen Museum von Turin aufgestellt. Auf dem Bild rechts der mit den königlichen Kolossen geschmückte Pylon des Tempels von Ramses III., der dem Stationstempel Sethos' II. gegenüberlag. Dahinter liegt der Säulenhof mit den Statuen, die den Pharao mit den Eigenschaften des Osiris darstellen.

Die Widder-Sphingen im ersten Hof (links ein Detail der Sphinx-Reihe) flankierten ursprünglich die Allee, die zum 2. Pylon führte; sie wurden entfernt, weil man den Platz für neue Bauten benötigte; seitdem hat sich ihre Anordnung nicht mehr verändert. Auf sie bezieht sich wahrscheinlich die »Widderstraße«, die in zahlreichen Dokumenten aus der Ramessiden-Zeit erwähnt wird. Der Widder ist ein Ebenbild des Amun; auch wenn der Gott üblicherweise in Menschengestalt dargestellt war, so hatte er doch auf dem Bug und Heck seiner Barke einen Widderkopf. Die Widdersphingen symbolisieren die Gottheit, die den Pharao, zwischen den Vorderpfoten dargestellt, beschützt. Die häufig usurpierten Sphingen wurden wahrscheinlich für Amenophis III. angefertigt, für den Pharao, dem wir auch andere Widdersphinx-Alleen verdanken: Eine verband den 10. Pylon der südlichen Propyläen mit dem Heiligtum der Mut; eine andere führte vom Chons-Tempel aus Richtung Süden und mündete dann in die Sphinx-Allee des Luxor-Tempels. Eine menschenköpfige Sphinx-Allee (mit dem Haupt des Pharao) bildete schließlich den nördlichen Zugang zum Heiligtum des Month.

Links, Blick auf den ersten Hof mit den noch erhaltenen Säulen des Taharka-Hofes, der die Prozessionsbarke beherbergte. Der prächtige Bau bestand ursprünglich aus zehn Säulen mit geöffneten Papyrus-Doldenkapitellen, die 20,70 m hoch waren und eine hölzerne Decke trugen. Hinter den Säulen sind die ptolemäischen Verzierungen des Portals des 2. Pylons zu erkennen, der von Haremhab und Ramses II. als Abschluß für den Säulensaal errichtet wurde, heute aber teilweise zerstört ist. Im Vordergrund ein Sockel für die heilige Barke.

Das Bild oben zeigt Ramses II., wie er die Barke des Amun beweihräuchert, von Priestern getragen, die als mythologische Wesen verkleidet sind. Das Relief an der südlichen Innenwand des Säulensaals wurde zuerst als Basrelief ausgeführt und dann in der Technik des versenkten Reliefs verbessert, die wesentlich einfacher ist, da nur die Umrisse der Figuren in den Stein eingraviert werden und nicht der ganze Hintergrund ausgemeißelt werden muß. Diese Technik wurde zuerst nur für die Außenreliefs verwendet, setzte sich dann jedoch zur Zeit Ramses' II. auch für die Innenreliefs durch.

Unten ein mit einer Satteldecke bedecktes Pferd vor einer Kutsche, auf der der Pharao Tutanchamun beim Erschlagen der Feinde dargestellt war. Der Block mit dem Relief wurde kürzlich entdeckt. Er diente als Füllmaterial für den 2. Pylon, was die Erhaltung der Farben begünstigt hat. In der ägyptischen Kunst wurden die Reliefs immer mit reinen Farben bemalt, die symbolische Bedeutung hatten; man verwendete weiß, gelb, rot, blau und schwarz (Photo Roccati).
Rechts Blick auf die Kolonnade, die Amenophis III. als Zugang

zum Tempel errichten ließ, die aber dann von Sethos I. als Mittelgang des Säulensaals (Hypostylon) verwendet wurde. Die mittleren Säulen – heute 12, ursprünglich wahrscheinlich 14 – haben einschließlich des Abakus' eine Höhe von 22,40 m und einen Durchmesser von 9,90 m; sie stehen auf einer etwas breiteren, abgerundeten Basis und enden mit einem glockenförmigen Kapitell, auf dem offene Papyrus-Dolden dargestellt sind, während die anderen Säulen des Saals Knospenkapitelle, d. h. geschlossene Papyrus-Doldenkapitelle, haben. Bei der gesamten ägyptischen Architektur und ihren Formen dient übrigens meistens die Natur als Vorbild.

Die Reliefs auf der nördlichen Außenwand des Säulensaals (unten) stammen von Sethos I., der so seine militärischen Erfolge preisen wollte. Der Eingang des Saals unterteilt praktisch die Themen: Auf der linken Mauer sind die Asienfeldzüge in Syrien und Kanaan dargestellt, auf der rechten die libyschen und die gegen die Hethiter; oben ist ein traditionelles Thema zu sehen, Sethos I. beim Erschlagen der Feinde; das Bild gegenüber zeigt Sethos I., wie er auf seinen Wagen steigt, vor ihm mehrere Reihen von Gefangenen. Mit diesen Reliefs beginnt in der ägyptischen Kunst eine neue Form der Darstellung, nämlich die Wiedergabe von geschichtlichen Themen, die – auf den Außenwänden eingraviert – es ermöglichten, die »Heldentaten des Königs« öffentlich bekanntzugeben. Zuvor konnten sie nur schriftlich überliefert werden. Im Inneren des Heiligtums dagegen, zu dem nur wenige Zugang hatten, wurden religiöse Szenen (Darstellungen von großen Festen, den täglichen und festlichen Riten) gezeigt, die den eigentlichen Kult ergänzen oder auch ersetzen sollten: Nachdem nämlich die Priester den dargestellten Figuren mit dem entsprechenden Ritus »den Mund geöffnet« hatten, sollen diese die heiligen Zeremonien für immer wiederholt haben, auch wenn sie in Wirklichkeit nicht stattfanden.

Links ein Detail des Säulen-
waldes des Hypostylons, das
Sethos I. um die mittlere
Kolonnade des Amenophis
III. zwischen dem 2. und 3.
Pylon errichten ließ. Dieser
riesige Saal – der größte der
Welt mit einer Steindecke –
mißt 102x53 m und wird von
122 14,70 m hohen Säulen
getragen, die in neun Reihen
mit ursprünglich je 14 Säulen
unterteilt sind. Aufgrund
ihrer im Vergleich zur zentra-
len Kolonnade geringen
Abmessungen verbleiben
zwischen dem Architrav und
der Decke Öffnungen, die an
die Fenster eines Klosters erinnern (rechts, Photo Roccati).
Neben der Laterne in der
Mitte stellten sie die Haupt-
lichtquelle für den Saal dar,
der auf allen vier Seiten von
hohen Wänden umgeben war.
Sowohl die Wände als auch
die Säulen wurden mit religiösen und rituellen Motiven zu
Ehren des Amun und der
anderen Götter von Karnak
geschmückt. Jede freie Stelle
wurde bedeckt, so daß die
mächtigen Säulen wie eine
Folge von Kulissen wirken.
Zwei sich schneidende Gänge
teilen den Saal in vier Bereiche. Die von Sethos I. begon-
nenen Reliefs wurden von
Ramses II. vollendet und teilweise erneuert.

Blick von Osten auf den mittleren Säulengang Amenophis' III. im Säulensaal, den man seitlich durch eine Bresche im 3. Pylon erkennen kann. Auch dieser gewaltige Pylon ist ein Werk Amenophis' III., der, um sich leicht Baumaterial zu beschaffen, nicht zögerte, verlassene ältere Bauwerke zu zerstören. Dieses Verhalten gegenüber den Monumenten der Vorgänger war nicht neu bei den Pharaonen, doch in Karnak hatte es eine ungewöhnliche Tragweite. Allerdings verdanken wir es genau diesem Verhalten, daß ganze Gebäude noch optimal erhalten sind, da sie auf diese Weise den Witterungseinflüssen nicht ausgesetzt waren. Aus dem 3. Pylon sind die Weiße Kapelle Sesostris' I. und ein Heiligtum für die Alabasterbarke Amenophis' I. wiedergewonnen worden. Beide wurden im Amun-Bezirk rekonstruiert; außerdem ein Teil der Roten Kapelle; ein weiteres Heiligtum für die Barke der Hatschepsut; Reste einer Alabasterkapelle Amenophis' II.; ein Sanktuar für die Barke Thutmosis' IV.; ein Säulenhof Thutmosis' IV.; Statuen und Stelen auch aus dem Mittleren Reich.

Unten die Obelisken, die Thutmosis I. (im Hintergrund) und Hatschep-sut (im Vordergrund) vor dem 4. Pylon aufgestellt haben; ursprünglich handelte es sich dabei um Doppelobelisken. Rechts ein Teil von einem der Obelisken der Hatschepsut, das sich heute am Boden befindet. Es zeigt den Gott Amun, wie er die Königin empfängt. Auf dem Boden sind außerdem noch Reste einer anderen Obeliskenkopie zu sehen, die Thutmosis III. anfertigen ließ. Die Spitze dieser Monumente war ursprünglich mit Gold bedeckt, damit sie die Sonnenstrahlen reflek-tierte. Die Obelisken waren nämlich der Sonne geweiht.

Links ein Teil des Annalensaals Thutmosis' III. Gut zu erkennen die zwei Granitpfeiler, die mit den heraldischen Motiven (Lotos und Papyrus) Ober- und Unterägyptens verziert sind. Das Bild ist in Verkürzung von einem angrenzenden Säulensaal aus aufgenommen. Unten, ein Detail der Statue Thutmosis' III. aus schwarzem Granit, sie gehört zum Karnak-Tempel und ist heute im Ägyptischen Museum von Kairo ausgestellt: Sie stellt den berühmtesten Feldherrn des alten Ägyptens und einen der bedeutendsten Gründer des Heiligtums des Amun in Karnak dar.

Auf diesen Seiten sind einige Reliefs reproduziert, die in Blöcke aus rotem Quarzit eingraviert wurden. Sie wurden im Innern des 3. Pylons entdeckt, wo sie als Füllmaterial dienten. Sie stammen aus dem Heiligtum für die heilige Barke, von der Königin Hatschepsut an der Stelle errichtet, an der sich heute das Sanktuar des Philippos Arrhidaios (4. Jahrhundert v. Chr.) befindet, das ebenfalls Heiligtum der heiligen Barke genannt wird. In diesem Bereich befinden sich außerdem einige Reste des ursprünglichen Amun-Tempels. Das Gebäude der Hatschepsut, üblicherweise bekannt als Rote Kapelle, war schon von deren Nachfolger Thutmosis III. abgerissen und durch ein anderes, heute zerstörtes Bauwerk ersetzt worden. Die Rekonstruktion dieses großen, wertvollen Monuments ist noch nicht abgeschlossen. Man ist dabei, weitere Blöcke wiederzugewinnen. Auf den Reliefs sind (rechts) der rituelle Lauf der Königin am Jubiläumsfest – sie wird vom Stier Apis begleitet – und (rechts außen) ein Schauspiel mit Musik und Tanz zu Ehren des Amun dargestellt; während eine Gruppe von Harfenspielern für die musikalische Begleitung sorgt, führen Tänzerinnen in zwei Reihen Überschläge vor.

Blick von der ursprünglichen Cella des Amun auf die von
Thutmosis III. errichtete Festhalle. Die 40 m lange Halle ist ein
rechteckiger Pfeilergang, der aus 20 architektonisch sehr origi-
nellen Steinsäulen besteht: Als Vorbild dienten nämlich die
Zeltpfähle, die im Kiosk der Jubiläumsfeste benutzt wurden.
Im Nordteil der Halle befanden sich drei Kapellen, die möglicherweise der Thebanischen Triade geweiht waren, und hinter
ihnen eine erhöhte Kapelle ohne Dach, die dem Sonnengott Re
geweiht war.

Unten ein Detail des Basreliefs an den Wänden des Raums, der an die Festhalle angrenzt und allgemein als »Botanischer Garten« bekannt ist: In ihm ist nämlich eine Vielzahl der verschiedenen Tiere und Pflanzen dargestellt, die Thutmosis III. von seinem Syrienfeldzug mitgebracht und Amun geweiht hat. Rechts eine Innenansicht der Festhalle; auf einigen Säulen der großen Halle sind noch Spuren der Bemalung zu erkennen, die in der christlichen Epoche, als der Saal in eine Kirche umgewandelt wurde, angebracht worden ist.

Der Heilige See des Amun-Tempels, dessen Fläche einem Drittel des gesamten Heiligtums entspricht, entstand zur Zeit Amenophis' III. Ein See ist in den meisten ägyptischen Heiligtümern zu finden. Er diente vor allem den rituellen Bädern, die die Priester viermal täglich vornehmen mußten. An seinem Ufer befanden sich die Wohnräume für die Hohenpriester und die Geflügelställe für die heiligen Opfer. Von diesen Bauten sind zahlreiche Reste entdeckt worden. Im Hintergrund der Obelisk Thutmosis' I. in der Mitte und der der Hatschepsut auf der rechten Seite.

Am Ufer des Sees ist ein Denkmal mit einem riesigen Skarabäus zu sehen, Ebenbild des Gottes Chepri und Symbol für Re (links). Es gehört möglicherweise zum Totentempel Amenophis' III. am gegenüberliegenden Nilufer und wurde angeblich von Taharka aufgestellt, um die Sonnengottheit Amun zu symbolisieren. Unten Blick auf den 7. Pylon, den Thutmosis III. an der Südseite des Tempels errichten ließ. Die für das Neue Reich typischen Kolossalstatuen stellen den Pharao dar (Photo Roccati).

Links das Tor des Ptolemaios III. Euergetes I. im Süden des
Amun-Bezirks, vor dem Chons-Tempel. Chons ist der dritte
Gott der Thebanischen Triade, Sohn von Amun und Mut, als
Mondgott verehrt und als Kind, dessen Haupt von der Mond-
scheibe umgeben ist, dargestellt. Das Tor ist mit zahlreichen
feingearbeiteten Reliefs geschmückt, zusätzlich sind Inschriften
von bedeutenden Texten eingraviert; davor kann man die
Basen der Säulen von einem der vier Kioske Tharkas erkennen,
die auf das Amun-Heiligtum vorbereiteten.

Oben der Pylon des Chons-Tempels, aufgrund seines optimalen
Zustands ein beispielhaftes Modell der klassischen ägyptischen
Architektur. Besonders gut erhalten ist der Abschluß des Pylon,
der aus einer Hohlkehle, dem sogenannten ägyptischen Kar-
nies, und einem darüberliegenden flachen Band besteht. Der
Tempel wurde von den Pharaonen der 20. Dynastie und insbesondere von Ramses III. erbaut, doch viele Schmuckelemente
des Pylons und der Innenhöfe gehen auf den Hohenpriester
Herihor zurück.

Das Bild links zeigt den Eingang der Cella des Chons-Tempels, dahinter befindet sich ein Quarzitsockel für die heilige Barke, auf der das göttliche Standbild befördert wurde. Auf dem Architrav sind unten Gottheiten dargestellt, die dem Mondgott Chons ihre Ehrerbietung erweisen. Diesen Teil des Heiligtums haben wir Ramses III. zu verdanken; die Ausschmückung der Pfosten ist jedoch ein Werk des Ptolemaios VIII. Euergetes II. (2. Jahrhundert v. Chr.). Auf der Westseite des Chons-Tempels steht ein Gebäude, das der Göttin Opet, der göttlichen Mutter, geweiht ist (Photo Roccati).

Auf dem Bild oben ist die Weiße Kapelle Sesostris' I. abgebildet: Es handelt sich um einen Kiosk aus feinem Kalkstein, der am Jubiläumsfest des Königs die heilige Barke beherbergte. 1938 wurde die Weiße Kapelle rekonstruiert. Man hatte alle Blöcke wiedergewinnen können, da sie zur Zeit Amenophis' III. als Füllmaterial für den 3. Pylon verwendet worden waren. Dieses Monument stammt aus der ältesten Epoche der Geschichte des Tempels.

Links die ptolemäischen Propyläen des Ptah-Tempels, die aus sechs Toren bestehen. Der in Ost-West-Richtung erbaute Tempel befindet sich im Norden des Amun-Bezirks. Er wurde von Thutmosis III. auf antiken Ruinen rekonstruiert und dem antiken ägyptischen Gott Ptah geweiht, der als Schöpfer der Menschen und der Götter galt. Unten eine Inschrift des Kaisers Tiberius, die auf einem Pfosten des vierten Tors eingraviert ist und den antiken Gelehrten Amenophis, Sohn des Hapu, erwähnt, der wahrscheinlich der Architekt der Bauten Amenophis' III. war und dem auch göttliche Ehren zuteil wurden (Photo Roccati).

Blick von Süden auf das schwerbeschädigte Heiligtum des Month. Der Hauptzugang zum Tempel des Month (Kriegsgott und ursprünglich Herr der Region Thebens) befand sich im Norden, an der Stelle eines Tors des Ptolemaios III. Euergetes I., das über eine menschenköpfige Sphinx-Allee mit einer Tribüne bzw. einem Landungssteg am Nil verbunden war. Im Vordergrund Ruinen eines kleinen Tempels, der an den Month-Tempel angrenzte und Maat, der Göttin der Wahrheit und der Weltordnung, geweiht war. Die erste Gestaltung dieses Bereichs geht auf Amenophis III. zurück.

Rechts Kolossalstatue Amenophis' IV., Ägyptisches
Museum von Kairo. Sie
wurde zusammen mit den
Resten von ungefähr 30 anderen Statuen gefunden, als
man östlich des Amun-
Bezirks, an der Stelle, an der
man das Aton-Heiligtum ver-
mutete, einen Kanal aushob.
Bei der Modellierung dieser
dem Pharao sehr ähnlichen
Statue wurden die neuen
Konzepte der wirklichkeitsge-
treuen Kunst beachtet, die der
Reformpharao befürwortete.
Er führte in Karnak den Kult
des einzigen Gottes Aton ein,
der Sonnenscheibe, die alle
anderen Götter einschließlich
Amuns ersetzte. Ihm weihte
er Heiligtümer, die später von
seinen Nachfolgern zerstört
wurden. Viele Blöcke dienten
jedoch als Füllmaterial für die
neuen Pylone. Auf Seite 57,
eine Granitstatue der sitzen-
den Göttin Sekhmet, eines
der Kunstwerke, die das
Reich Amenophis' III. kennzeichnen. Hunderte dieser
Statuen waren um die Tempel
und insbesondere im Mut-
Bezirk, südlich des Amun-
Bezirks, aufgestellt. Dort
befindet sich auch das hier
reproduzierte Exemplar.
Sekhmet symbolisierte den
Krieg und wurde mit einem
Löwenkopf dargestellt.

Auf dieser Seite ist der Alabasterblock abgebildet, auf dem in verkürzter Form der Gedenktext zur Hochzeit Ramses' II. mit einer hethitischen Prinzessin im 34. Jahr seiner Herrschaft (ca. 1245 v. Chr.) wiedergegeben war. Von diesem feierlichen Dokument wurden zu Propagandazwecken mehrere Kopien angefertigt, die dann in die Hauptheiligtümer gebracht wurden. Eine von ihnen – mit dem vollständigen Text – ist in Karnak vor dem 9. Pylon der südlichen Propyläen gefunden worden. Die Hethiter waren in jener Zeit die Hauptgegner der expansionistischen Politik der Ägypter. Nachdem sich jedoch bei den Kämpfen ein Kräftegleichgewicht herausgestellt hatte, entwickelte sich zwischen den beiden Völkern eine friedliche Zusammenarbeit, beispielsweise schlossen sie einen Vertrag, der die jeweiligen Einflußzonen in der syrisch-palästinensischen Region festlegte. Neben der hethitischen Prinzessin und anderen Frauen hatte Ramses II. zwei bedeutende ägyptische Gattinnen: Isisnofret und Nefertari Merenmut; letztere wurde oft mit dem Pharao zusammen dargestellt. Der Pharao hatte der Überlieferung nach auch eine Schar von Kindern: Über hundert meinen einige Experten.

Der Tempel von Luxor

Auf den beiden vorangegangenen Seiten ist der Bereich des
Luxor-Tempels vom Eingangspylon bis zur Kolonnade Amenophis' III. abgebildet. Im Hintergrund ist der Nil zu sehen,
der hier am breitesten ist. Die architektonische Geschichte des
Luxor-Tempels beginnt mit der Herrschaft Amenophis' III.
und endet mit den Bauten Ramses' II. Vor dem Eingangspylon
Ramses' II. steht ein 25 m hoher Obelisk; der zweite des
ursprünglichen Obeliskenpaares wurde 1836 nach Paris über-
führt und schmückt nun die Place de la Concorde. Vor dem
Pylon waren außerdem zwei sitzende (Höhe 15,60 m) und vier
stehende Kolossalstatuen Ramses' II. aufgestellt, die eine
bestimmte Kultfunktion hatten. Hinter dem Pylon liegt der
Säulenhof, in dem die Interkolumnien des südlichen Bereichs
mit Kolossalstatuen des Pharao (ursprünglich Amenophis'
III., später von Ramses' II. usurpiert) ausgefüllt waren. Auf
der rechten Seite, vom Eingang aus gesehen, ließ Ramses II.
eine Kapelle für die Thebanische Triade errichten, deren drei
Cellae direkt an den Pylon angrenzen. Davor befindet sich
eine anmutige Kolonnade, die wahrscheinlich zu einem Monument aus dem Mittleren Reich gehörte. Auf der anderen Seite
des Hofs, wo sich vorher eine Kirche befand, ist nun die
Moschee des Abu l-Haggag zu sehen, des Gemahls der Jung-
frau Dalcina, einer christlichen Märtyrerin (siehe auch links).
Hinter dem Hof bereitet die prächtige Kolonnade Amenophis'
III. auf den eigentlichen Tempel vor. Sie war von zwei Mauern
verdeckt, auf denen Tutanchamun und Haremhab den ganzen
Prozessionszug von Karnak sehr natürlich und wirklichkeits-
getreu darstellen ließen. Der hintere Teil des Tempels geht auf
Amenophis III. zurück. Er besteht aus einem Säulenhof, der
zu einem Säulensaal führt. Von hier gelangt man wiederum
über zwei Hallen zur mittleren Cella, die die Prozessionsbarke
des Amun beherbergte. An sie schlossen sich kleinere Räume
an, unter anderem der Saal der Theogonie, in dem die göttliche
Geburt des Pharao dargestellt war. Die Kammern neben der
ersten Halle waren der Göttin Mut und dem Gott Chons
geweiht. Ganz hinten befand sich die Kapelle für das göttliche
Standbild. Alle Außenwände des Tempels ließ Ramses II. mit
unzähligen Kriegsszenen schmücken.

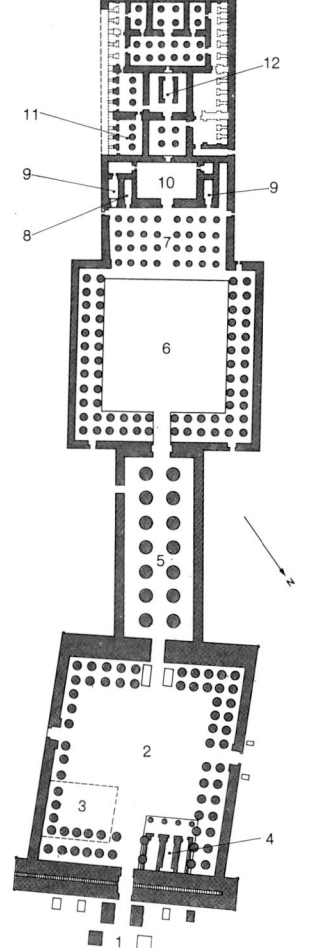

1 Obelisk, Statuen und Pylon Ramses' II.
2 Hof Ramses' II.
3 Moschee des Abu l-Haggag.
4 Kapelle der Thebanischen Triade.
5 Kolonnade Amenophis' III.
6 Hof Amenophis' III.
7 Säulenhalle.
8 Kapelle der Mut.
9 Kapellen des Chons.
10 Kapelle der römischen Legion.
11 Saal der Theogonie.
12 Heiligtum der Barke des Amun.

Der Luxor-Tempel ist das südliche Heiligtum des Gottes Amun. Hier trat er mit dem Wesen des Fruchtbarkeitsgottes Min auf. Einmal jährlich, am Opet-Fest, verließ der Gott Karnak, um seiner Hypostase Personifizierung in Luxor einen Besuch abzustatten. Eine große Prozession begleitete die göttliche Barke auf der langen Sphinx-Allee, die die zwei Heiligtümer verband (auf dem Bild links sieht man das letzte Stück dieser Allee mit dem Pylon des Luxor-Tempels); entlang des Wegs gab es vier Stationen, bei denen der Festzug kurz verweilte; hinter kleinen Mauern am Rande der Allee lagen dagegen die Bauten für die Bevölkerung: Villen und Paläste, aber auch Wohnstätten für die Arbeiter. Die heutige Gestaltung dieses Zugangs geht auf Nektanebos I. zurück. Dieser Zugang wurde kürzlich unter der römischen Stadt entdeckt, die einst das ganze Gebiet umfaßte. Vor dem Pylon, den ursprünglich sechs Kolosse Ramses' II. und zwei Obelisken aus rosa Granit schmückten, befinden sich nur noch zwei Pharao-Statuen, ein Obelisk und andere Skulpturen. Die 24 m hohen Pylontürme sind insgesamt 65 m breit. Auf ihnen sind deutlich die Rillen für die Fahnenmasten zu erkennen.

Das Bild unten zeigt den Kopf Ramses' II., der zu einem vor dem Pylon des Tempels aufgestellten Koloß gehört. Auf dem Pylon (rechts) sind Reliefs und Inschriften eingraviert, die die Schlacht bei Kadesch zwischen Ramses II. und den Hethitern behandeln. Auf dem Westturm ließ der Pharao sich selbst darstellen, wie er den Bericht seiner Vorhut entgegennimmt, und das Durcheinander unter den Ägyptern, die von den Feinden überrannt werden; der Ostturm dagegen zeigt die Schlacht, in der der König den Angriff abgewehrt und sich den Endsieg geholt hat.

Auf dem Bild unten sind die Statuen Amenophis' III. (später von Ramses II. usurpiert) abgebildet, die die Interkolumnien des ersten Hofes auf eindrucksvolle Weise ausfüllen. Auf dem Architrav ist eine kryptographische Inschrift zu erkennen. Neben dem Pharao sind in verkleinerter Form abwechselnd die Königin Nefertari, die Gemahlin des Ramses II., und die Tochter Bintanat dargestellt. Von den Statuen, die sich im südlichen Bereich des Hofs befinden, sind elf aus rotem und eine kleinere aus dunklem Granit; der doppelreihige Säulengang besteht aus 74 Säulen mit geschlossenen Papyrus-Doldenkapitellen.

Im südwestlichen Eck des ersten Hofs ist die Prozession der großen Stiere dargestellt, die, für die Opferung mit Blumen geschmückt, von einem langen Zug von Priestern (unten, ein Detail) zum Tempel geführt werden. Ihnen voraus gehen in einer Reihe die 17 Söhne Ramses' II., die auch den Festzug am Gründungsfeste des großen Pylons von Luxor (auf dem zweiten Bild) anführten. Auch der Pylon (hier nicht abgebildet) ist in dieser Reliefreihe wiedergegeben, jedes kleinste Detail – die Fahnenmasten, die Obelisken, die Statuen – wurde dabei übernommen.

Auf diesen Seiten ist die Kapelle der Thebanischen Triade reproduziert, die sich im ersten Hof des Luxor-Tempels, hinter dem Südturm des Pylons, befindet. Diese Kapelle ist wahrscheinlich ein Werk Ramses' II., der jedoch auch ältere Elemente in den Bau einfügte, so z. B. die schlanken Monolithsäulen. Sie diente als Station für die heilige Barke während der Prozession von Karnak nach Luxor. Die gesamte Gestaltung des ersten Hofs, den Ramses II. an die Bauwerke Amenophis' III. angeschlossen hat, wird einem besonderen Kriterium der ägyptischen Kunst gerecht. Danach wurden die geeignetsten Formen für das Bauwesen (wie für die Kunst, die Literatur, den Kult) in einer längst vergangenen Epoche von den Göttern selbst festgelegt und können nur noch verbessert und perfektioniert werden, indem man die bestehenden Formen erweitert und grandioser gestaltet, und nicht indem man neue Formen schafft. Darauf beruht diese besondere Architekturform, bei der sich die Gebäude durch ständiges Überlagern und Aneinanderreihen im Laufe der Zeit entwickeln. Darauf beruht auch der einheitliche Stil, der sich über die Jahrhunderte hindurch erhalten hat.

71

Unten Blick auf die Kolonnaden Amenophis' III., die mit ihrer erhabenen Einfachheit und Eleganz den Luxor-Tempel kennzeichnen. Das Bild zeigt sowohl die Zugangskolonnade als auch die Kolonnade, die den Hof in zwei Reihen umgibt und eine Fläche von 52x20 m einnimmt. Rechts eine verkürzte Innenansicht mit der Kapelle der Thebanischen Triade im Hintergrund. Die Kolonnade war im Osten und Westen von zwei mächtigen Mauern gesäumt, auf die Tutanchamun und Haremhab Szenen von der Prozession der heiligen Barke eingravieren ließen: Am Anfang, auf der Westwand befinden sich die Barken

der thebanischen Götter und die des Pharao in ihren Heiligtümern; dann werden sie nach den erforderlichen Opferhandlungen von den Priestern aus dem Tempel getragen und ins Wasser gesetzt; hier werden sie von Schleppern gezogen, die Ruderer sitzen auf ihren Plätzen, die Segel sind gesetzt, und am Ufer folgt die Schar der Gläubigen mit Musik und Tanz. In Luxor schließlich erwarten sie Ehrungen und Opferungen. Auf der Ostmauer war die Rückkehr nach Karnak dargestellt. Der Stil der Reliefs ist sehr realistisch und erinnert an die Kunst von el-Amarna. Im Vordergrund sind die Ruinen einiger byzantinischer Kirchen zu sehen.

Unten der Gang um das Saktuar der heiligen Barke, das Alexander der Große an der Stelle eines früheren Säulensaals errichten ließ. Die bogenförmige Tür stammt aus der koptischen Epoche, als der christliche Kult in den Tempel Einzug hielt. Die Seite rechts zeigt die Bündelsäulen, die sich im Saal der Theogonie des Herrschers befinden: An den Wänden ist hier die Sage dargestellt, gemäß der sich Amun in der Person Thutmosis' IV. mit der Königin Mutemwija vereinigte und so Amenophis III. geboren wurde.

Inhalt